두 번째의 봄,
황혼 육아의 오늘과 내일

여는 글

손주의 작은 손을 다시 품에 안은 순간, 저자는 깨달았습니다.

"사랑은 나이를 가리지 않고, 다시 시작될 수 있다."

저자는 오랜 시간 모유수유·돌봄 전문가로 활동하며 현장에서 마주한 수많은 부모와 조부모의 고민을 사회적 언어로 풀어냈습니다. 황혼육아가 개인의 헌신에 머무르지 않고, 사회적 의제로 다뤄져야 할 이유를 감성적인 글 속에 녹여냅니다.

《두 번째 봄, 황혼육아의 오늘과 내일》은 황혼육아의 일상을 섬세하게 기록한 감성 에세이이자, 그 이면에 숨겨진 사회적 과제를 짚어내는 정책서입니다.

책의 앞부분은 따뜻합니다. 작은 손을 잡고 눈을 맞추던 첫날의 벅찬 순간, 밤을 지새우며 아이의 숨결을 지켜보는 긴 시간, 그리고 젊은 날의 육아 기억과 겹치는 황혼의 하루들.

독자는 '다시 요람이 된 품' 속에서 흐르는 사랑의 깊이를 함께 느낄 수 있습니다.

그러나 이 책은 거기서 멈추지 않습니다. 통계와 연구 자료를 통해, 조부모 돌봄이 단순히 개인의 헌신이 아닌 국가 경제의 숨은 기둥임을 밝힙니다. 무급 돌봄노동의 경제적 가치는 연간 400조 원을 넘어 GDP의 20%에 달하며, 이는 사회 전체가 함께 고민해야 할 의제임을 제시합니다.

또한 2025년 도입된 「친정엄마 산후돌봄 급여제」, 일본·독일·스웨덴의 선진 사례 등을 분석하며 한국 사회가 나아가야 할 방향을 모색합니다.

따뜻한 이야기와 날카로운 사회 분석이 맞닿은 이 책은 부모 세대와 조부모 세대뿐 아니라, 정책 입안자·연구자·돌봄 전문가에게도 의미 있는 메시지를 전합니다.

이 책은 묻습니다.
"돌봄은 누구의 몫이어야 하는가?"

그리고 희망의 언어로 답합니다.
"손주야, 너는 나에게 두 번째 봄이란다. 이 봄은 나만의 것이 아니라, 사회가 함께 키워야 할 희망이란다."

contents

여는글 ·· 2

머리글 ·· 6

PART. ONE 두 번째 봄, 황혼육아

첫 번째 이야기 | 다시 품에 안은 작은 손 ······································· 13

두 번째 이야기 | 젊은 날의 그림자가 돌아오다 ······························ 19

세 번째 이야기 | 아침은 조금 더 이르고, 밤은 조금 더 짧다 ············ 27

네 번째 이야기 | 작은 발자국 소리에 웃다 ···································· 33

다섯 번째 이야기 | 작은 손이 내 손을 잡을 때 ······························· 39

여섯 번째 이야기 | 한숨과 웃음 사이 (고단함 속에 피어나는 미소) ··· 45

일곱 번째 이야기 | 내 품이 세상에서 가장 안전한 곳 ······················ 51

여덟 번째 이야기 | 늦은 밤, 나만의 시간 ······································ 57

아홉 번째 이야기 | 할머니라는 이름의 슈퍼히어로 ························· 63

열 번째 이야기 | 이 사랑을 다음 세대에게 ···································· 69

에필로그 - 다시 시작되는 사랑의 이야기 ···································· 75

PART. TWO 황혼육아의 오늘과 내일

1장 ｜서론	79
2장 ｜황혼육아의 현실과 과제	82
1. 황혼육아의 규모와 현황	82
2. 황혼육아의 경제적 가치와 부담	87
3. 건강과 안전	91
4. 세대 갈등과 가족 내 협상	95
5. 정서적·심리적 부담	100
3장 ｜제도적 논의와 해외 사례	104
4장 ｜향후 과제와 정책 제언	109
5장 ｜맺음말	113
에필로그	115

머 리 글

1. 개인의 기억 - 다시 안은 작은 손

세월이 흘러 다시 아이의 작은 손을 품에 안게 되었다. 젊은 날, 엄마로서 아이를 돌보던 기억이 이제는 할머니로서의 삶과 겹쳐진다. 낯선 듯 익숙하고, 무겁지만 따뜻하다.

아이의 첫울음은 나의 심장을 다시 두드렸고, 그 순간 나는 알았다. 사랑은 나이를 가리지 않고, 세대를 넘어 다시 시작될 수 있다는 것을.

손주의 눈빛은 나의 젊은 날을 비추는 거울이자, 앞으로의 시간을 함께 살아갈 등불이 되었다.

2. 사회적 현실 - 황혼육아의 무게

그러나 이 이야기는 단순히 개인의 회고에 머무르지 않는다. 지금 한국 사회는 저출산, 돌봄 공백, 맞벌이 확산이라는 거대한 변화를 마주하고 있다.

부모 세대는 경제와 일을 감당하느라 지쳐 있고, 조부모 세대는 '은퇴 후의 휴식' 대신 '두 번째 육아'를 떠맡고 있다.

조부모 돌봄은 가족의 사랑으로 포장되지만, 사실상 무급 노동이며 사회적 안전망 바깥에서 이루어진다.

이는 국가경제를 지탱하는 보이지 않는 기둥임에도 불구하고, 그 가치는 충분히 인정받지 못하고 있는 실정이다.

[표 1] 한국 조부모 돌봄 현황 변화

출처: 통계청 「한국 사회지표 2022」, 한국보건사회연구원(2021)

구분	2010년	2022년	비고
정기적으로 손주 돌봄(0~6세)	23.1%	34.0%	+10.9%p 증가
하루 평균 돌봄 시간	5.1시간	6.4시간	주 4일 이상 다수
경제적 가치 (무급 돌봄노동)	약 310조 원	약 400조 원	GDP의 20% 이상

조부모 돌봄은 단순한 가족의 애정이 아니라 국가 경제를 지탱하는 '숨은 기둥'이다. 그러나 제도적 지원은 여전히 부족하여, 선진국 대비 '가족 내부 책임'에 머물러 있다.

3. 제도적 시선 - 해외와 한국의 간극

해외 사례는 조부모 돌봄을 사회적 자원으로 제도화하고 있다. 일본은 전국 보건소에서 조부모 교육센터를 운영하며, 세대 간 갈등 해소와 상담을 지원한다.

독일은 손주 돌봄 시간을 사회보험 가입 기간으로 인정해 연금에 반영한다.

스웨덴은 조부모에게 유급 돌봄 휴가를 제공한다.

반면 한국은 일부 보건소의 조부모 교실 운영 정도에 머물러 있다. 제도의 기반이 충분하지 않기에 황혼육아는 여전히 개인의 희생에 크게 의존하고 있다.

4. 이 책의 의도 - 감성과 정책을 함께 기록하다

이 책은 감성 에세이와 정책 분석을 함께 담았다. 손주의 체온을 기록하면서도, 그 뒤에 자리한 제도적 현실을 외면하지 않았다.

개인의 이야기를 따라가다 보면, 한국 사회가 직면한 과제들이 자연스럽게 드러날 것이다.

나는 이 글을 통해 두 가지 바람을 전한다.

첫째, 손주의 웃음 속에서 다시 살아나는 '두 번째 봄'의 기적을 나누고 싶다.

둘째, 이 기적이 개인의 희생 위에만 세워지지 않도록, 사회적 책임과 연대의 필요성을 이야기하고 싶다.

손주에게 이렇게 말하고 싶다.

"너는 내게 두 번째 봄이란다. 내 하루를 일찍 열고, 밤을 조금 더 짧게 만들었지만, 그 속에 사랑을 길게 늘어놓았다."

"두 번째의 봄"
황혼 육아의 오늘과 내일

사랑 · 돌봄 · 그리고 사회의 미래

최순아 지음

PART. ONE

두 번째 봄
황혼육아

첫 번째 이야기

"다시 품에 안은 작은 손"

작은 울음이 병원 복도 끝을 울릴 때,
나는 다시 시작되는 사랑을 느꼈다.

내 품은 다시 요람이 되었고,
나는 다시 누군가의 하루를 책임지는
사람이 되었다.

첫 울음, 첫 눈맞춤

병원 복도 끝에서 작은 울음소리가 들려왔다.
그 울음은 마치 누군가 내 심장을 가볍게 두드리는 것 같았다.
그 순간, 오래전 아기를 처음 안았던 날이 번개처럼 떠올랐다.
의사가 작은 보따리처럼 싼 아기를 내 품에 안겨주었다.
따뜻하고, 부드럽고, 믿기 힘들 만큼 작았다.
손가락 하나에도 생명이 맥박치고 있었다.

"할머니, 축하드려요."

그 말을 듣자, 내 안의 무언가가 무너져 내렸다.
기쁨이었는지, 안도였는지, 그저 눈물이 솟았다.
작은 눈동자가 나를 올려다보았다.
세상 모든 소리가 그 순간 멀어졌다.

그날, 나는 알았다.
사랑은 나이를 가리지 않고, 다시 시작될 수 있다는 걸.

심장이 두 번 뛰는 순간

손주를 품에 안고 있으면, 내 가슴 속 어딘가에서
두 개의 심장이 뛰는 것 같다.
하나는 나를 위해, 다른 하나는 이 아이를 위해.
그 두 박동이 교차하며 나를 살게 했다.
작은 손가락이 내 손등을 꼭 쥔다.
마치 "나를 놓지 말아요"라고 말하는 것 같았다.
그 온기가 내 팔을 타고 가슴 깊숙이 스며들었다.
아이의 숨소리가 내 어깨 위에서 고르게 이어진다.
그 리듬이 마치 자장가처럼 나를 감싼다.

그 순간 나는 깨달았다.
이 심장 두 개는 언젠가 하나가 되어,
같은 방향으로 뛰고 있을 거라는 걸.

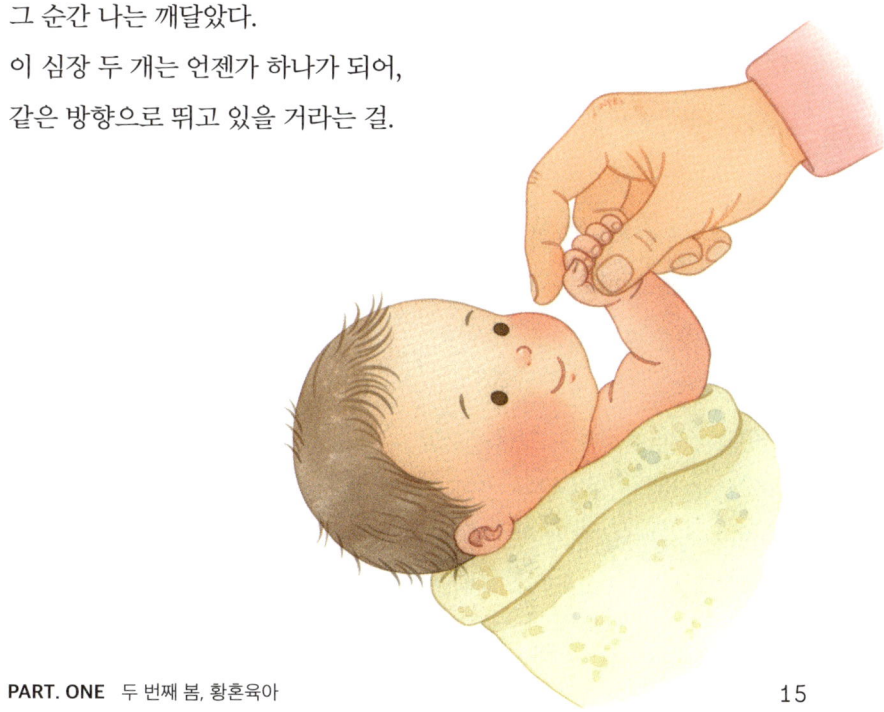

나의 품이 다시 요람이 되다

오래전, 집 한쪽 방에는 아이들만을 위한 작은 요람이 있었다.
그러나 지금 내 품이 다시 요람이 되었다.
아기를 안고 흔들다 보면, 예전 기억들이 밀려온다.
잠들기 전 콧김을 뿜어내던 아이, 밤새 뒤척이던 작은 체온,
지친 나를 위로하던 따뜻한 무게.
팔목이 아리고, 어깨가 뻐근해도 내 품에 있는 한,
이 아이는 세상에서 가장 안전한 곳에 있는 듯하다.

그날 이후, 하루가 달라졌다

그날 이후, 내 하루는 다시 새벽으로 시작되었다.
작은 울음소리에 눈을 뜨고, 젖병을 씻고, 작은 옷을 개고,
아기 이불을 햇볕에 널었다.

가끔은 피곤이 뼛속까지 스며들지만,
아기의 웃음 한 번이면 밤새 쌓인 피곤이 거짓말처럼 사라진다.
나는 다시 누군가의 하루를 책임지는 사람이 되었다.

손주에게

"손주야, 너는 나에게 두 번째 봄이란다.
이 봄은 나만의 것이 아니라,
한국 사회가 함께 키워야 할 희망이란다."

PART. ONE 두 번째 봄, 황혼육아

실용 가이드

황혼육아 시작 전, 조부모가 기억해야 할 3가지 마음가짐

1) 손주는 내 아이가 아니다. 부모의 방식을 존중하며 함께 키운다.

2) 조부모의 돌봄은 선물이지, 의무가 아님을 잊지 않는다.

3) 완벽한 육아보다, 따뜻한 마음이 더 큰 힘이 된다.

두 번째 이야기

"젊은 날의 그림자가 돌아오다"

새 기저귀 냄새 속에서,
젊은 날 내 아이를 키우던 기억이 되살아난다.
거울 속에는 지금의 나와 젊은 날의 내가
함께 웃는다.

PART. ONE 두 번째 봄, 황혼육아

기저귀 냄새 속의 추억

새 기저귀 포장을 뜯자, 특유의 부드러운 냄새가 퍼졌다.
순간, 오래전의 장면이 내 안에서 또렷하게 살아났다.
비 오는 새벽, 아기를 안고 부엌에서 기저귀를 갈던 내 모습.
그때의 나는 젊었고, 늘 피곤했고, 늘 시간이 모자랐다.

그 냄새는 단순한 종이와 면이 아니라,
그 시절의 나와 공기와 온기를 함께 데려왔다.
30년 전의 방 안 공기가 병원 복도 한쪽에서 스며드는 듯했다.

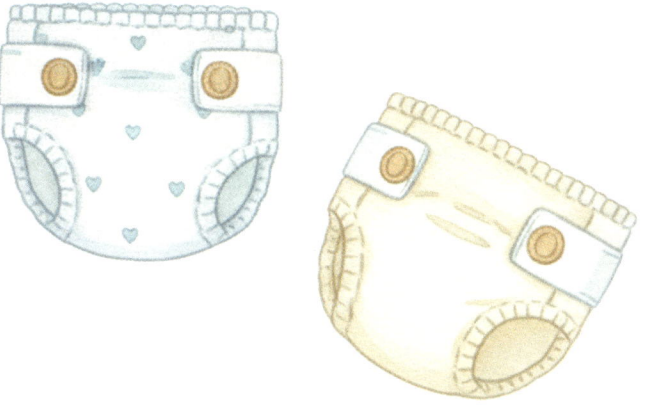

젖은 수건과 밤샘의 기억

밤이 깊어도 불이 꺼지지 않던 부엌.
젖병을 식히고, 따뜻한 수건으로 아기의 얼굴을 닦아주던 기억.
그 시절에는 하루하루가 전쟁 같았다.
빨리 아이가 자라주길 바랐다.
그런데 지금은 다르다.
손주와 보내는 이 밤샘 시간은 지치지 않는다.
오히려 '이 순간이 조금만 더 오래 가면 좋겠다'고 느낀다.
그 차이는, 아마도 시간과 마음이 만들어준 여유일 것이다.
나는 지금의 아이를 돌보며 그 시절 잠 못 이루던 나 자신을
조용히 위로하고 있는지고 모른다.

거울 속, 젊은 날의 내가 웃는다

하루 종일 아기를 안고 뛰다 거울을 본다.
주름진 얼굴, 희끗한 머리, 조금 구부정한 어깨.
그 속에서 젊은 날의 내가 고개를 내민다.
손주가 내 팔에 기대 웃고 있으면,
마치 30년 전 내 품에 있던 아이와 겹쳐 보인다.
그 아이가 지금은 엄마가 되었고, 그 엄마의 아이가 다시 내 품에 있다.
인생이 이렇게 원을 그리며 이어진다는 것이 신기하다.

시간이 돌려준 두 번째 기회

육아는 인생에 한 번뿐이라고 생각했지만,
나에게 두 번째 기회가 주어졌다.
첫 번째 육아는 부모로서,
두 번째 육아는 조부모로서.

첫 번째는 바빴고 서툴렀고 늘 조급했다.
두 번째는 느리고, 조용하고, 조금 더 깊다.
이번에는 아이의 숨소리 하나하나를 놓치지 않고,
작은 웃음과 눈물까지 오래 기억하고 싶다.
이제야 나는 안다.

아이를 키운다는 건 단순히
그 아이를 크게 만드는 일이 아니라,
그 아이와 함께 나를 다시 키우는 일이라는 것을.

추억과 놀라움 사이

그때는 '좋은 육아법'이라는 건
책 몇 권과 이웃 엄마들의 입소문이 전부였다.
휴대폰도, 인터넷도 없으니 하루하루가 경험이었고,
실패와 시행착오가 교과서였다.

그런데 이제, 내 딸은 손에 스마트폰을 들고 수유 자세를 검색하고,
전문가의 온라인 강의를 실시간으로 보며 육아법을 배우고 있다.
한편으론 신기하고, 한편으론
'그렇게까지 해야 하나?' 싶은 마음이 드는 건
아마 세대 차이라는 이름의 간극 때문일 것이다.
그러나 서로의 방식을 이해하고 맞춰갈 때,
육아는 더 풍요로워질 수 있다는 것을 나는 안다.
나는 조금씩 배워가고 있다.

손주에게

"손주야, 너는 나와 네 엄마를 잇는 다리란다.
너의 웃음 속에 세대의 시간도,
사회의 미래도 함께 흐르고 있단다."

실용 가이드

세대 차이를 줄이는 대화법 3가지

1) "나 때는 말이야." 대신 "지금은 이렇게 하는구나!"

2) 비판보다 궁금증으로 묻기: "왜 그렇게 하는지 알려줄래?"

3) 조언은 짧게, 공감은 길게

세 번째 이야기

"아침은 조금 더 이르고, 밤은 조금 더 짧다"

동이 트기 전의 주방,
밤마다 이어지는 짧은 잠,
고단하지만,
그 속에서 사랑은 길어졌다.

PART. ONE 두 번째 봄, 황혼육아

동이 트기 전의 집

아직 동쪽 하늘이 짙푸른 색을 간직한 새벽,
온 세상이 고요하지만, 내 하루는 이미 시작됐다.
주방 전등 불빛이 유난히 밝아 보인다.

젖병 소독기에서 나는 작고 규칙적인 '딸깍' 소리,
전기포트에서 피어오르는 하얀 김,
거실에서 새근새근 들려오는 아기의 숨소리가 작은 교향곡처럼 얽힌다.
이른 아침 공기는 차갑지만,
내 손끝과 가슴은 아이의 온기로 따뜻해져 있다.

젊을 때는 이 시간대가 참 힘들었는데,
지금은 하루 중 가장 소중한 시간이 되었다.
세상과 단절된 채, 오직 나와 아이만이 존재하는 시간.
그것은 내 인생이 다시 새벽을 배워가는
과정이었다.

해가 뜨기도 전에 시작되는 하루

아침 해가 떠오르기 전, 아기는 나를 찾는다.
젖병을 데우고, 작은 수건으로 얼굴을 닦아주고,
보송보송한 옷으로 갈아입히는 일.
시간은 빠르게 흘러가지만, 그 안에서 아기의 눈동자가
내 시선을 따라온다.

"할머니, 나 여기 있어요."

그 눈빛이 그렇게 말하는 것만 같다.
주방 창가에서 해가 떠오르는 걸 보며 나는 생각한다.
내 하루가 이렇게 일찍 시작되는 건
아마 이 아이를 더 오래 품고 있으라는
시간의 배려일지도 모른다고.

밤이 짧아진 이유

밤이 짧아진 건, 단지 수면 부족 때문만은 아니다.
아기를 재우고 나면, 곧 다시 깰 거라는 걸 알기에 깊이 잠들 수가 없다.
시계를 보면 겨우 몇 분이 흘렀을 뿐이다.
하지만 피곤보다 더 큰 건 '이 순간을 놓칠까?'라고 하는 두려움이다.
아이가 잠결에 손을 더듬으며 내 손을 찾을 때,
그 작고 따듯한 손길을 느끼고 싶다.

밤새 여러 번 깨어도, 그 작은 손을 꼭 잡고 있으면
이상하게도 마음이 편안해진다.

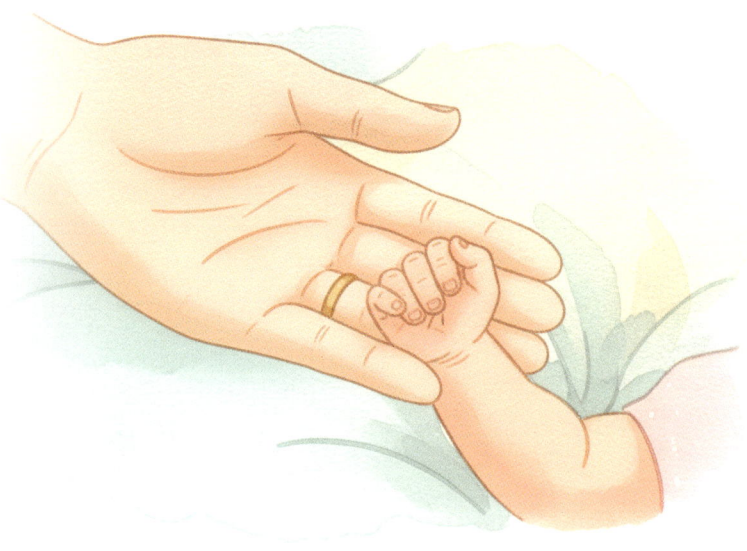

하루의 끝과 시작이 맞닿다

젊었을 땐 하루가 '끝났다'라는 순간이 분명히 있었다.
아이를 재우고, 설거지를 마치고, 불을 끄면 그게 하루의 마지막이었다.
하지만 지금은 다르다.
아기를 재우는 순간과 깨우는 순간이 하나의 원으로 이어져 있다.
끝과 시작이 구분되지 않는 하루 속에서, 나는 아이의 호흡과 함께
숨을 쉬고, 아이의 눈 뜸과 함께 다시 깨어난다.

그렇게 하루하루가 이어지고,
그 사이에 나의 시간도, 나의 나이도 조용히 쌓여간다.
그러나 이상하게도, 그 세월이 전처럼 무겁게 느껴지지 않는다.
이것은 아마도 아이의 호흡과 함께 숨을 쉬고,
아이의 눈 뜸과 함께 깨어나는 지금이라는 시간이
세상에서 가장 가벼운 무게이기 때문일 것이다.

손주에게

"너는 내게 하루를 일찍 열어주었고, 밤을 더 짧게 만들었지만,
그 속에 사랑을 길게 늘어놓았단다."

실용 가이드

손주 돌봄 체력 관리 루틴

1) 아침 : 10분 스트레칭으로 몸 깨우기

2) 낮 : 손주와 놀 땐 20분 활동 후 5분 휴식

3) 저녁 : 단백질, 칼슘 챙겨 기력 보충

4) 밤 : 짧게라도 '나만의 시간' 확보하기

네 번째 이야기

"작은 발자국 소리에 웃다"

톡톡 울려 퍼지는 작은 발걸음.
넘어지고 다시 일어서며 아이는 자라고,
나는 웃음을 배운다.

바닥 위의 음악

아직 완전히 걷지 못하는 발걸음은
어느 악기보다도 귀한 소리를 낸다.
양말을 신은 발이 마룻바닥에 "톡톡" 부딪히는 소리,
간혹 중심을 잃고 "쿵" 하고 넘어지는 소리,
그 뒤에 이어지는 웃음과 작은 투정.
그 소리는 내 귀에 하루 중 가장 밝은 음악처럼 들린다.
젊을 땐 그저 당연하게 들었던 아이의 발소리가
지금은 세상에서 가장 반가운 신호다.

"나 여기 있어요, 할머니."

발자국이 그렇게 말해주는 듯하다.

눈에 보이지 않는 길

아직 한두 발짝만 뗄 수 있는 손주가
거실과 주방 사이를 오가는 모습은,
마치 눈에 보이지 않는 길을 만들고 있는 것 같다.

그 길은 짧지만, 매일 조금씩 넓어지고 길어진다.
발이 닿는 자리마다 기억이 꽃처럼 피어난다.
여기서 첫걸음을 뗐고, 저기서 넘어져 울었고,
부엌 문턱 앞에서 나를 기다렸던 작은 그림자.
그 길을 따라 나는 매일 웃는다.

넘어짐 속의 성장

작은 발자국 소리를 따라가다 보면
자주자주 넘어지는 소리를 듣게 된다.
예전엔 그 소리에 깜짝 놀라 달려갔지만, 지금은 조금 다르게 바라본다.
넘어짐은 아이의 성장에 꼭 필요한 숨 고르기다.
울음을 터뜨린 아이를 안아 올리며
"괜찮아, 다시 해보자"라고 말하는 순간,
나는 아이를 위로하는 동시에 내 젊은 날의 나 자신을 위로한다.

그 시절의 나는 넘어짐을 두려워했고,
다시 걷기까지의 시간을 참지 못했으니까.

발소리가 사라진 후

저녁이 되고, 아이가 깊이 잠들면 온 집안이 고요해진다.
조금 전까지 울려 퍼지던 발자국 소리가 사라진 거실은
마치 숨을 멈춘 듯하다.

그 고요 속에서 나는 문득 깨닫는다.
발자국 소리가 나를 웃게 한 건 단지 아이의 걸음 때문이 아니라,
그 걸음을 함께 지켜볼 수 있는 '지금'이 있기 때문이라는 걸.
언젠가 이 발소리도 사라지고, 그 자리에 더 큰 걸음과
더 멀리 가는 발소리가 남겠지만,
오늘의 "톡톡"은 오늘만의 선물이다.

손주에게

"작은 발자국아, 네 걸음을 따라가며 나는 다시 한번 삶을 배운다.
네가 앞으로 걸어갈 길이 더 안전하고, 더 따뜻하도록 할머니는
오늘도 너의 뒤를 천천히 걸어간다."

실용 가이드

손주와 함께하는 소소한 놀이 5가지

1) 함께 책 읽기
2) 색종이·종이접기
3) 동요 따라 부르기
4) 간단한 요리 놀이
5) 산책하며 꽃·나무 이야기하기

다섯 번째 이야기

"작은 손이 내 손을 잡을 때"

세상에서 가장 작은 온기.
작은 손이 내 손을 꼭 잡을 때,
나는 살아야 할 이유를 다시 알게 된다.

세상에서 가장 작은 온기

그 손은 너무 작아서 내 손바닥 한가운데서 길을 잃을 것만 같다.
손가락 하나가 내 손가락의 절반도 되지 않지만
그 온기는 곧장 심장으로 전해진다.
아이가 내 손을 잡는 순간,
세상과 나 사이의 거리가 단숨에 가까워진다.

내가 아직 이 세상에 필요한 이유를 그 작은 손이 조용히 알려주는 것 같다.

잡는다는 것의 의미

아이는 아직 말로 표현하지 못하지만
손을 잡는 행위에는 수많은 메시지가 담겨 있다.

"여기 있어 주세요."
"나 무서워요."
"같이 가요."

어떤 의미든 나는 주저하지 않고 그 손을 더 꼭 잡는다.
아이가 손을 놓기 전까지 나는 이 세상에서
아이의 가장 안전한 벽이 되고 싶다.

손과 손 사이의 시간

길을 걸을 때, 계단을 오를 때, 낯선 사람들 사이를
지날 때도 아이는 내 손을 찾는다.
그 순간, 우리 사이에는 시간이 흐르지 않는 것 같다.
젊은 날 내 아이와도 이렇게 손을 잡았지만,
그땐 너무 바빠서 그 온기를 깊이 느낄 여유가 없었다.
이제야 안다.
작은 손을 잡는 시간은 살아가는 동안
두 번 다시 오지 않는 '순간의 영원'이라는 것을.

놓는 순간을 준비하며

언젠가 이 작은 손도 내 손을 놓을 날이 올 것이다.
혼자서 걷고, 달리고, 더 멀리 떠나갈 날이.
그때가 오면 마음 한쪽이 텅 빈 듯 허전하겠지만,
오늘 이 손을 잡은 감각은 평생 내 기억 속에 남아 있을 것이다.

작은 손이 내 손을 잡아 주던 그 힘과 온기,
그것이 나를 늙지 않게 만들었음을
잊지 않으리라.

손주에게

"작은 손아, 너는 나를 붙잡아 두었고, 나를 앞으로 이끌었고,
나를 다시 살아가게 했다.
네 손이 내 손에 있던 시간,
그게 내 인생의 가장 깊은 봄이었단다"

PART. ONE 두 번째 봄, 황혼육아

실용 가이드

손주와 애착 형성에 좋은 습관

1) 눈을 맞추고 웃어주기

2) 이름을 자주 불러주기

3) 안아줄 때는 온전히 집중하기

4) 작은 성취에도 크게 칭찬하기

여섯 번째 이야기

"한 숨과 웃음 사이"
고단함 속에 피어나는 미소

한 숨과 웃음은 서로를 밀어내지 않고 나란히 앉아
내 하루를 감싼다.
오늘의 기록 : 한 숨 일곱 번, 웃음 아홉 번,
웃음이 더 많았으니 오늘은 성공이다.

한숨이 먼저일까, 웃음이 먼저일까

아침부터 아이의 울음소리에 눈을 뜬다.
분명 어젯밤 늦도록 놀아줬는데,
오늘도 아이는 무한한 체력을 자랑한다.
분유 병을 꺼내다 쏟은 가루, 입에 넣자마자 뱉어버린 이유식,
손과 입가에 잔뜩 묻은 바나나 조각들...
그 순간 내 입술 사이에서 먼저 흘러나오는 건 한숨이다.
하지만 한숨이 길게 이어지기도 전에 아이가 나를 보며 낄낄 웃는다.
그 웃음이 내 한숨을 절반쯤 삼켜버린다.

한숨에도 결이 있다

황혼육아의 날들 속에서 나는 알게 되었다.
한숨에도 결이 있다는 것을.
지친 몸이 토해내는 무거운 한숨,
어이없어 웃음과 함께 새어 나오는 한숨,
그리고 마음이 미어져 나도 모르게 흘려보내는 한숨.
나는 아이 앞에서 마지막 한숨만은 최대한 감추려 한다.
먼 훗날 아이가 이 시절을 기억할 때,
내 얼굴에서 웃음을 더 많이 떠올리기를 바라기 때문이다.

웃음을 선택하는 이유

머리가 지끈거리고, 허리가 욱신거리는 날에도
나는 결국 웃음을 선택한다.
웃음은 내가 아이에게 줄 수 있는 가장 값비싼 선물이다.
내 웃음을 따라 피어나는 아이의 미소는
세상의 어떤 보석보다 더 반짝거린다.
그 빛을 지키기 위해서라면 오늘의 피곤함쯤은
얼마든지 감수할 수 있다.

한숨과 웃음이 공존하는 날들

하루를 돌아보면, 한숨과 웃음이 나란히 앉아 있다.
마치 두 친구처럼 서로를 밀어내지 않고 나를 감싼다.

나는 이제 안다.
한숨이 있다는 건
내가 여전히 아이와 함께 살아가고 있다는 뜻이고,
웃음이 있다는 건
그 속에서 내가 여전히 사랑하고 있다는 증거라는 것을.

오늘의 기록: 한숨 7번, 웃음 9번.
웃음이 조금 더 많았으니, 오늘은 성공이다.

손주에게

"손주야, 너는 내 하루에 한숨을 심기도 하지만,
더 큰 웃음을 꽃피우는 존재란다.
네 웃음 때문에 나는 다시 일어나고,
네 작은 손 때문에 나는 여전히 살아간다.
오늘 내가 내쉰 일곱 번의 한숨은 잊고,
네가 준 아홉 번의 웃음을 품으며 나는 또 내일을 맞이할 거야."

실용 가이드

피로 누적 막는 간단한 회복법

1) 손주 낮잠 시간에 함께 눈 붙이기

2) 물 자주 마시기

3) 허리·무릎 스트레칭 5분

4) 힘들 땐 "오늘은 여기까지"라고 말하기

일곱 번째 이야기

"내 품이 세상에서 가장 안전한 곳"

내 품은 작은 집이 되어
아이에게 가장 안전한 성채가 된다.
언젠가 이 품이 필요 없어지기 전까지
나는 오늘도 수십 번 안아주고 싶다.

품이라는 작은 세계

아기를 품에 안는 순간, 내 온몸은 하나의 작은 집이 된다.
어깨는 지붕이 되고, 가슴은 따뜻한 난로가 되며,
두 팔은 부드러운 벽이 되어 바람 한 점 들어오지 못하게 막아낸다.
아이는 그 집 안에서 눈을 감고, 아직 보지 못한 세상 대신
나의 심장 소리를 듣는다.

세상이 너무 크고 낯설더라도, 이 품 안은 아이에게
가장 작은 세계이자 가장 안전한 집이 된다.

울음이 멎는 기적

낯선 사람 앞에서 놀라 울음을 터뜨릴 때, 갑작스러운 소리에
몸을 움츠릴 때, 아이는 언제나 내 품으로 파고든다.
놀랍게도 품에 안기는 순간 아이의 호흡은 안정되고,
눈물이 마르며, 작은 몸은 이완된다.
마치 내가 가진 모든 온기와 안정이 아이에게 스며드는 듯하다.
그때 나는 안다.
내 품은 단순히 안아주는 공간이 아니라,
아이가 세상에서 유일하게 전적으로 믿을 수 있는
성채라는 것을.

품이 줄 수 없는 날이 오기 전에

시간은 빠르게 흘러, 아이는 점점 자란다.
이 품이 언젠가는 더 이상 꼭 필요하지 않게 될 날이 다가올 것이다.
혼자 걸을 수 있고, 혼자 길을 건너며,
혼자 상처를 감당할 수 있는 날이 올 테니까.
그래서 나는 지금, 하루에도 수십 번 아이를 안는다.
작은 울음에도, 작은 기쁨에도, 품 안에서 모든 것을
함께 느끼게 해주려 한다.
이 순간이 길지 않다는 걸 알기에, 더 깊고 오래 남도록
기억 속에 새겨두려 한다.

품이 말해주는 것

아이가 내 품 안에서 들이쉬는 공기는
세상 그 어떤 곳보다 따뜻하다.
그것은 단순한 체온 때문이 아니라, 그 안에 담긴 마음 때문이다.
나는 품으로 이렇게 말한다.

"너는 안전하다."
"너는 사랑받고 있다."
"나는 언제나 네 곁에 있다."

언젠가 아이가 세상에서 지치고 힘든 날을 맞더라도,
이 품의 온기를 기억하며 다시 일어설 수 있기를 바란다.

손주에게

"네가 세상을 전부 잃은 것 같아도 기억하렴.
네가 처음 만난 세상은 내 품 안의
따뜻한 공기였다는 것을."

실용 가이드

손주 안전을 위한 집안 점검 체크리스트

1) 전기 콘센트 안전 마개 설치

2) 미끄러운 바닥 매트

3) 약·세제는 손 닿지 않는 곳에 보관

4) 작은 장난감, 삼킬 위험물 치우기

여덟 번째 이야기

"늦은 밤 나만의 시간"

아가가 잠든 시간 집안은 여전히
어수선 하지만 내 마음은 고요해 진다.
그 시간은 내일을 준비하게 하는
가장 조용한 기적이다.

하루가 잠드는 순간

아이의 숨소리가 규칙적으로 변할 때,
그제야 하루가 잠드는 소리를 듣는다.
장난감이 흩어진 거실, 싱크대에 쌓인 설거지,
빨래통에 가득 쌓인 작은 옷들.
모두 그대로지만, 이제는 신기하게도 마음이 무겁지 않다.
오히려 그것들은 오늘을 살아냈다는 증거처럼 보인다.
고요는 그렇게 나를 찾아온다.
아이가 잠든 순간, 집안은 아직 어수선해도 내 마음은 비로소
숨을 크게 내쉴 수 있다.

내 마음을 정리하는 시간

낮 동안 쌓인 피곤, 순간순간 느꼈던 기쁨,
그리고 간혹 스쳐 간 서운함까지.
이 모든 것이 파도처럼 일렁이며 마음속에 쌓인다.
나는 그 파도를 따라가며 오늘의 하루를 하나씩 접어
마음속 서랍에 넣는다.
그중에서도 '아이가 웃던 순간'은 꼭 가장 위쪽 칸에 넣는다.
내일 혹시 힘든 순간이 오면, 가장 먼저 꺼내 보고
나를 다시 일으켜 세우기 위해서다.

혼자만의 대화

늦은 밤, 고요 속에서 나는 거울 앞에 선다.
주름진 얼굴과 희끗한 머리칼이 보이지만,
그 속에는 오늘도 하루를 버텨낸 나 자신이 있다.

"오늘도 잘했어."

나는 그 말을 나 스스로에게 건넨다.
젊었을 땐 하루를 돌아볼 틈도 없이 다음 날로 달려갔지만,
이제는 안다.
나를 다독이지 않으면 내일의 나도 버텨낼 수 없다는 것을.

다시 내일을 준비하며

이 시간은 길지 않다.
조금 뒤면 아이가 깰 수도 있고,
곧 내 눈꺼풀도 무겁게 내려앉을 것이다.
하지만 이 짧은 시간 속에서 내 마음은 다시 숨을 쉬고,
내일의 웃음을 준비한다.
늦은 밤의 고요는 고단한 몸을 위로하고,
내일을 다시 살아갈 힘을 건네는 은밀한 선물이다.

손주에게

"늦은 밤, 오늘의 나를 위로해 주는 건 커피도, 음악도 아니다.
잠든 너라는 가장 조용한 기적이다."

실용 가이드

마음 건강 지키는 방법

1) 하루 5분 감사 일기 쓰기

2) 좋아하는 음악 듣기

3) 가벼운 스트레칭·호흡 명상

4) 친구·지인과 짧게 안부 나누기

아홉 번째 이야기

"할머니라는 이름의 슈퍼히어로"

내 무기는 앞치마 한 장.
내 초능력은 웃음과 인내심.
나는 오늘도 아이의 작은 울음을 멈추게 하고,
하루를 지켜낸다.

PART. ONE 두 번째 봄, 황혼육아

변신은 필요 없다

영화 속 슈퍼히어로들은 화려한 옷과 멋진 무기를 지녔다.
하지만 나에게 그런 것은 필요 없다.
내 '변신 도구'는 앞치마 한 장,
내 '무기'는 말랑한 손바닥과 무한한 인내심이다.
아이를 웃게 하고, 울음을 멎게 하고, 하루 세 번 밥을 챙기며,
밤중에도 번개처럼 일어나 기저귀를 가는 일.
이 평범한 행동들이 모여, 나만의 초능력이 된다.

체력이 곧 초능력

누군가는 말한다. "나이 들면 힘이 없다"고.
맞다. 젊었을 때만큼은 아니다.
하지만 손주가 부르면, 내 몸은 먼저 반응한다.
피곤한 몸이 어떻게든 움직이고, 무거운 눈꺼풀도 번쩍 뜨인다.
이건 단순한 체력이 아니라 마음에서 나오는 힘이다.
사랑이 체력의 모양을 하고 나타난 것이다.

세상에서 가장 빠른 '응급대원'

손주가 넘어지면, 나는 세상 누구보다도 빠르게 달려간다.
엘리베이터보다 빠르고, 긴급 전화보다도 빠르다.
그렇게 달려가 아이를 안는 순간, 세상의 모든 위험이 멀어진다.
슈퍼히어로의 '구출 장면'이 우리 집에서는
하루에도 몇 번씩 펼쳐진다.

내가 지켜줄 수 있는 한

나는 아이에게 모든 것을 해줄 수 있는 전능한 존재는 아니다.
그러나 아이가 내 곁에 있는 동안만큼은,
누구보다도 안전하고 누구보다도 따뜻하게 지켜주고 싶다.
슈퍼히어로도 언젠가 망토를 벗고 평범한 사람으로 돌아가지만,
그들이 남기는 것은 하나이다.

"누군가를 지켜줬다"는 기억.

내 손주의 마음속에도,
그런 기억 하나가 오래도록 남기를 바란다.

손주에게

"네가 기억하는 할머니는 놀이터 벤치에 앉아 쉬던 사람이 아니라,
네 곁을 뛰어다니던 슈퍼히어로였으면 좋겠다."

실용 가이드

조부모의 힘을 키워주는 3가지 자원

1) 동네 육아 품앗이 모임

2) 보건소·문화센터의 조부모 교육 프로그램

3) 온라인 육아 커뮤니티(정보·정서적 지지)

열 번째 이야기

"이 사랑을 다음 세대에게"

내 품에서 시작된 사랑은
아이의 마음에 씨앗이 되어 또 다른 세대로 이어진다.
사랑은 사라지지 않고 모양을 바꿔 다시 숨쉰다.

사랑의 씨앗

내가 아이를 품고, 웃기고, 먹이고, 울음을 닦아주며 보낸
하루하루는 결코 사라지지 않는다.
그 순간들은 작은 씨앗이 되어 아이 마음속에 뿌리를 내린다.
지금은 눈에 잘 보이지 않지만, 먼 훗날 그 씨앗은 자라나서
다른 누군가를 품어주는 나무가 될 것이다.
그날에, 이 아이는 스스로 깨닫게 될 것이다.

'아, 뿌리가 참으로 단단히 내려졌구나!'

행동으로 가르친 사랑

아이는 내가 한 말보다 내가 한 행동을 더 깊이 기억한다.
잠든 아이에게 이불을 덮어주던 손길,
울음이 그치길 바라며 다독이던 목소리,
아이가 좋아하는 이야기를 끝까지 들어주는 인내심.
이 작은 몸짓과 습관이 모여,
아이에게는 "사랑이란 이렇게 하는 것이구나"라는
무언의 교과서가 된다.

사랑은 가르치는 것이 아니라
살아내는 것이다.

이어지는 마음의 바통

나는 부모에게 사랑을 받았고, 그 사랑을 나의 아이에게 건넸다.
이제는 손주에게, 그리고 언젠가 이 아이도
또 다른 누군가를 품어줄 것이다.
사랑의 바통은 멈추지 않는다.
세대의 차이와 시간의 벽을 넘어, 조용하지만 확실하게 이어진다.
이 바통이 떨어지지 않도록,
나는 오늘도 아이의 손을 꼭 잡는다.

내 삶과 다시 마주하며

돌아보면 황혼육아는 내 시간을 앗아간 것이 아니라,
내 삶을 더 깊게 만들어주었다.
물론 언젠가는 돌봄의 손길이 줄어들고,
나는 다시 나의 자리로 돌아갈 것이다.
그러나 그때도, 내가 건넨 사랑은 이 아이의 기억 속에
살아남아 또 다른 세대를 키울 것이다.
결국 황혼육아는 단순히 한 가정을 위한 일이 아니라,
사회와 세상을 조금 더 따뜻하게 만드는 일이다.

세대를 잇는 사랑

내 품에서 시작된 사랑은 손주에게로, 그리고
또 다른 세대로 이어질 것이다.
나는 다시 내 삶의 자리로 돌아가지만,
내 사랑은 이 아이의 웃음 속에서,
다음 세대의 품 안에서 살아남는다.
사랑은 사라지지 않는다. 단지 모양을 바꾸어,
세대를 잇는 힘으로 다시 숨 쉬게 될 뿐이다.

손주에게

"손주야, 네가 자라서 또 다른 작은 손을 품게 될 때,
그 품 안에는 내 사랑도 함께 있을 것이다.
너는 내게서 배운 사랑을 세상에 건네주렴.
그 순간, 나의 오늘은 너의 내일로 이어질 것이다."

실용 가이드

손주에게 남겨줄 세대 간 유산 3가지

1) 따뜻한 기억 – 매일 함께한 놀이와 웃음

2) 건강한 습관 – 규칙적 생활과 예절

3) 가족의 이야기 – 세대를 잇는 삶의 지혜

에필로그

다시 시작되는 사랑의 이야기

내 품에서 시작된 길

내 품에 안긴 작은 손은 단지 한 아이의 성장만을 의미하지 않았다. 그 손은 나의 지난 세월을 다시 불러왔고, 황혼의 삶을 새로운 색으로 물들였다. 그리고 그 길은 나와 손주만의 이야기를 넘어, 세대를 이어가는 사랑의 긴 여정을 시작하게 했다.

황혼육아가 남긴 의미

황혼육아는 단순히 개인의 헌신으로 설명되지 않는다. 그 안에는 저출산과 맞벌이, 돌봄 공백이라는 한국 사회의 구조적 현실이 들어 있다.

수많은 조부모가 자신의 건강과 시간을 내어 아이를 품지만, 그들의 헌신은 여전히 사랑의 이름으로만 불리고 제도의 언어로는 충분히 기록되지 않는다. 그러나 황혼육아는 우리 사회가 잊고 있던 오래된 진실을 다시 보여준다.

"사랑은 세대를 잇는다."

이 단순하면서도 깊은 진실이 오늘 한국 사회가 직면한 돌봄 문제를 풀어내는 가장 본질적인 열쇠일지도 모른다.

다시, 나의 삶으로

돌봄의 시간은 언젠가 줄어들고, 손주의 발걸음은 점점 멀어질 것이다. 나는 다시 내 삶의 자리로 돌아가지만, 그것이 곧 끝을 의미하지는 않는다.

내 품에서 시작된 사랑은 아이의 마음속에 남아 또 다른 세대로 이어질 것이고, 그 사랑은 사회와 세상을 조금 더 따뜻하게 만드는 힘으로 살아남을 것이다.

황혼육아는 내 삶을 소모한 일이 아니라, 세상을 사랑이라는 이름으로 물들이는 또 하나의 방법이었다.

독자에게 전하는 마지막 말

이 책을 덮는 독자에게 나는 이렇게 말하고 싶다. 작은 손을 품는 일은 단지 가족의 행복을 위한 일이 아니다. 그 손에는 사회의 미래가 담겨 있고, 세대를 잇는 사랑의 힘이 숨어 있다.

돌봄은 결코 개인의 희생으로만 감당될 수 없으며, 사회 전체가 함께 책임져야 할 과제다. 그러나 제도와 정책이 아무리 정교해져도, 결국 그 출발점은 언제나 한 사람의 마음에서 시작된다.

사랑은 정책을 움직이고, 사회를 바꾸며, 세대를 이어가는 가장 근본적인 힘이다.

손주에게

"손주야, 네가 내 손을 잡던 순간들 속에서 나는 내 인생의 두 번째 봄을 살았다. 그 봄은 나만의 것이 아니라, 네가 또 다른 세대를 품을 때까지 이어질 희망이란다."

PART. TWO

황혼육아의 오늘과 내일

(정책·사회 분석·향후 과제)

1장_서론
왜 황혼육아를 정책적으로 논의해야 하는가?

한국 사회는 세계에서 가장 빠른 속도로 저출산·고령화가 진행되는 나라 중 하나다. 출산율은 매년 최저치를 갱신하고 있으며, 기대수명은 길어지고 있다.

이러한 구조적 변화 속에서 '황혼육아', 즉 조부모가 손주를 돌보는 돌봄 방식은 이제 단순한 가족의 선택이 아니라, 사회 전체가 기댈 수밖에 없는 중요한 돌봄 축으로 자리 잡았다.

실제로 통계청 사회조사(2022)에 따르면 0~6세 손주를 정기적으로 돌보는 조부모는 전체의 34%에 달한다. 이는 단순히 숫자로만 이해할 문제가 아니다.

열 가정 중 세 가정 이상에서 손주 양육이 조부모의 몫이 되고 있다는 뜻이며, 황혼육아는 더 이상 특수한 상황이 아니라 보편적 가족 현상이 된 것이다.

현장에서도 이런 흐름은 쉽게 확인된다. 서울 근교에 사는 70대 할머니 A씨는 아침마다 출근하는 딸을 대신해 세 살 손주를 맡는다. 아침 식사부터 등·하원, 간식과 낮잠, 저녁까지 하루의 대부분을 아이와 함께 보내고,

저녁 늦게 귀가하는 딸에게 아이를 돌려준다. 그는 "손주는 예쁘지만, 하루가 지나면 몸이 녹초가 된다"고 말한다.

이처럼 황혼육아는 단순한 애정 행위가 아니라, 주 40시간 이상 노동에 버금가는 강도 높은 활동으로 자리 잡고 있다. 그러나 이 돌봄은 대부분 무급 노동으로 간주 된다.

한국여성정책연구원(2019)의 분석에 따르면, 가사·돌봄노동의 경제적 가치는 국내총생산(GDP)의 22% 이상에 이르는 것으로 추산된다. 하지만, 이 기여는 사회적·경제적 보상 구조 안에 반영되지 못하고 있다.

조부모의 돌봄은 가족 단위에서는 경제적 부담을 줄여주는 '숨은 자원'이지만, 국가 통계와 정책에서는 존재하지 않는 노동으로 취급되는 것이다.

정책의 시각 또한 여전히 부모 중심에 머물러 있다. 보육 정책은 부모의 양육 부담을 덜어주는 방향에 집중되어 있으며, 정작 조부모는 비공식적·임시적 돌봄 제공자로만 간주 된다.

그러나 현실은 다르다. 황혼육아는 부모의 노동시장 참여를 가능하게 하고, 국가 경제를 지탱하는 사실상의 사회 안전망으로 기능하고 있다.

이제 황혼육아는 더 이상 가족 내부의 사적 헌신으로 치부되어서는 안 된다. 조부모의 돌봄은 국가적 차원의 돌봄 인프라 속에 포함되어야 하며, 그 경제적·사회적 가치를 인정받아야 한다.

본 저서의 다음 장에서는 황혼육아의 규모와 현황, 건강과 안전, 경제적 부담, 그리고 제도적 과제를 차례로 살펴보며, 이 문제가 왜 사회 전체가 함께 고민해야 할 정책 의제인지를 밝히고자 한다.

[표 1] 황혼육아 관련 주요 수치 (국내 기준)

항목	수치·내용	출처
손주 돌봄 조부모 비율	34% (0~6세 정기 돌봄)	통계청, 「2022 사회조사」 ①
조부모 돌봄 시간	하루 평균 6.4시간, 주 4일 이상	한국보건사회연구원, 「조부모 손자녀 양육 실태」(2015) ②
무급 돌봄노동 경제적 가치	GDP의 약 22% 이상	한국여성정책연구원, 「가사·돌봄노동의 경제적 가치 평가」(2019) ③

참고문헌

1. 통계청 (2022), *사회조사: 손주 돌봄 관련 통계*.
2. 한국보건사회연구원 (2015), *조부모 손자녀 양육 실태와 지원 방안 연구*.
3. 한국여성정책연구원 (2019), *가사·돌봄노동의 경제적 가치 평가*.

2장_
황혼육아의 현실과 과제

1. 황혼육아의 규모와 현황

1) 서두- 다시 시작된 돌봄의 시간

세월이 흘러 자식들은 어른이 되었고, 나는 이제 두 번째 봄을 맞이했다. 다시금 품에 안게 된 아이는 손주이고, 나는 또 다른 이름으로 불린다.

"할머니, 할아버지."

이 호칭은 사랑스럽지만, 그 속에는 때때로 무거운 책임이 담겨 있다. 오늘날 한국 사회에서 황혼육아는 개인의 선택이 아니라, 사회적 구조가 만든 보편적 풍경이 되었다.

2) 조부모 돌봄 참여율과 시간-숫자로 보는 현실

오늘날 한국 사회에서 조부모의 손주 돌봄은 예외적인 일이 아니라 일상의 일부가 되었다.

통계청 사회조사(2022)에 따르면, 0~6세 손주를 정기적으로 돌보는 조부모의 비율은 34%에 달한다.① 이는 열 가정 중 세 가정 이상에서 조부모가 양육에 깊숙이 개입하고 있음을 보여준다.

현장의 모습은 더 구체적이다. 맞벌이 부부가 아침마다 서둘러 출근길에 오르면서, 아이를 조부모 집에 맡기고 저녁 늦게야 데려가는 장면은 흔한 풍경이다. 이러한 돌봄은 단순한 간헐적 보조가 아니라, 매일 반복되는 주양육 구조로 기능한다.

한국보건사회연구원 조사(2015)는 이를 수치로 확인시켜 준다. 손주 돌봄을 맡은 조부모는 하루 평균 6.4시간, 주 4일 이상 양육에 참여하고 있으며,② 이는 사실상 주 25~30시간에 달하는 노동과 같다.

일부 조부모의 경우에는 손주를 아침부터 저녁까지 돌보면서 주 40시간 이상 노동을 하는 경우도 적지 않다. 연령별로 보면 60대 조부모의 참여율이 가장 높으며, 70대 이상도 여전히 적지 않게 손주 돌봄에 관여한다.③

성별 차이도 뚜렷하다. 손주 돌봄에 주로 나서는 이는 대체로 할머니(70% 이상)로 나타난다.④

10년 전과 비교하면, 조부모 돌봄 참여율은 꾸준히 증가하는 추세다.⑤ 특히 코로나19 시기에는 어린이집·학교 휴원으로 인해 조부모 돌봄 의존도가 급격히 높아졌다.

이는 단순한 가족 내 돌봄이 아니라, 사회적 위기 시 조부모가 마지막 안전망 역할을 했음을 보여준다.⑥

3) 맞벌이 가정과 황혼육아

이처럼 조부모가 전면에 나설 수밖에 없는 가장 큰 이유는 맞벌이 가정의 증가 때문이다. 2014년 기준 전국 맞벌이 가구는 518만 가구였으며, 이

중 절반 이상이 조부모에게 손주 돌봄을 의존하고 있었다.⑦

즉, 부모의 경제활동이 지속되기 위해서는 조부모의 돌봄이 필수적인 사회 구조가 형성된 것이다. 한 60대 할머니의 말은 이를 잘 보여준다.

"우리 딸이 출근하지 못하면 회사에 피해가 가니, 내가 아침마다 손주를 맡아요. 하루가 끝나면 몸은 천근만근이지만, 딸이 직장을 지킬 수 있다는 생각에 버팁니다."

이처럼 황혼육아는 가족 차원에서는 '딸·아들의 경제활동을 가능하게 하는 보이지 않는 장치'이며, 국가 차원에서는 노동시장 유지의 숨은 안전망이 되고 있다.

4) 농촌과 도시의 차이

황혼육아의 양상은 지역에 따라 차이가 있다. 도시 지역은 어린이집, 아이돌봄 서비스 등 대체 자원이 상대적으로 존재한다. 반면 농촌은 공적 돌봄 인프라가 부족하여 조부모 돌봄 의존도가 더욱 높다.

실제로 통계청 조사에 따르면, 전국 평균 맞벌이 가구 비율은 약 46.3%이지만, 경북 지역은 53.5%로 전국 평균보다 훨씬 높다.⑧

이는 농촌 지역에서 부모의 경제활동 참여가 활발한 반면, 공적 돌봄 자원이 부족하기 때문에 조부모에게 돌봄이 집중되고 있음을 시사한다. 즉, 도시의 황혼육아가 선택적·부분적 역할이라면, 농촌의 황혼육아는 불가피하고 필수적인 역할이라는 점에서 차이를 보인다.

5) 함의 및 정책 제안

이상의 사실은 분명한 결론을 보여준다. 황혼육아는 이제 특정 가정의 개인적 선택이 아니라, 한국 사회 전반의 보편적 돌봄 구조로 자리 잡았다. 부모 세대의 노동시장 참여와 생활 유지가 가능하기 위해, 조부모 세대의 헌신이 전제되는 구조다. 그런데도 이들의 돌봄 노동은 여전히 비공식적 자원으로 취급되고 있으며, 정책적 논의에서 배제되고 있다.

황혼육아를 더 이상 가족의 '내부 문제'로 치부하지 말고, 국가 돌봄 체계 속의 핵심 축으로 인정해야 할 필요성이 여기에 있다. 따라서 다음과 같은 정책적 대응이 필요하다.

- 무급 돌봄 노동의 사회적 인정
  조부모 돌봄 시간을 공식 제도에 반영하고, 최소한의 경제적 또는 제도적 보상을 제공해야 한다.

- 농촌 맞춤형 돌봄 인프라 확충
  농촌 지역의 맞벌이 부모가 겪는 돌봄 부담을 덜기 위해 보육기관 접근성과 서비스를 강화해야 한다.

- 조부모 지원 프로그램 확대
  조부모의 건강과 여가 보장을 위해 맞춤형 프로그램(휴식권, 의료지원 등)을 제공해 세대 간 돌봄 부담을 완화해야 한다.

- 공적 돌봄과 가정 돌봄의 연계 강화

어린이집과 조부모 돌봄이 유기적으로 연결될 수 있는 복합형 돌봄 서비스 모델을 도입해야 한다.

[표2] 황혼육아 규모와 현황 - 주요 통계

항목	수치·내용	출처
조부모 돌봄 참여율	0~6세 손주를 정기적으로 돌보는 비율 34%	통계청, 「2022 사회조사」 ①
조부모 평균 돌봄 시간	하루 평균 6.4시간, 주 4일 이상	한국보건사회연구원, 「조부모 손자녀 양육 실태 연구」(2015) ②
맞벌이 가구 수	2014년 기준 518만 가구	환경일보, 「맞벌이 518만 가구 중 절반, 조부모 손에 아이 맡겨」 (2016) ⑦
맞벌이 가구 비율 (전국)	46.3%	통계청, 「경제활동인구조사」 (2022) ⑦
맞벌이 가구 비율 (경북)	53.5%	경북여성정책개발원, 「경북형 종합 돌봄체계 방안 연구」(2023) ⑧

참고문헌

1. 통계청 (2022), 사회조사: 손주 돌봄 관련 통계.
2. 한국보건사회연구원 (2015), 조부모 손자녀 양육 실태와 지원 방안 연구.
3. 통계청, 「사회조사」(2022).
4. 한국보건사회연구원, 「가족실태조사」(2022).
5. 통계청, 「사회조사」(2012~2022) 비교분석.
6. 한국보육진흥원·육아정책연구소, 「코로나19 시기 가정 돌봄 실태 보고서」(2020).
7. 환경일보 (2016.07.01), 맞벌이 518만 가구 중 절반, 조부모 손에 아이 맡겨.
8. 경북여성정책개발원 (2023), 경북형 종합 돌봄체계 방안 연구.

2. 황혼육아의 경제적 가치와 부담

1) 무급 돌봄노동의 경제적 환산

황혼육아는 흔히 '사랑의 수고'라는 이름으로 포장되지만, 경제적 관점에서 보면 결코 가볍지 않다.

만약 조부모의 돌봄을 모두 유급 노동으로 전환한다면 얼마일까?

최저임금(2025년 기준 10,030원)을 적용해, 하루 6.4시간 × 주 4일 × 월 4주 = 약 410시간. 이는 월 410만 원, 연간 약 5천만 원의 노동 가치에 해당한다. 물론 모든 조부모가 이만큼의 시간을 돌보는 것은 아니지만, 국가 전체로 보면 천문학적 규모다.

한국여성정책연구원(2019)은 가사·돌봄노동의 가치를 경제적으로 환산했을 때 GDP의 22% 이상에 해당한다고 추정했다.① 이는 단순히 가족의 선의로 치부하기에는 너무나 거대한 사회적 기여다.

실제 가계의 체감은 더욱 크다. 서울에서 2세 아동을 민간 베이비시터에게 맡길 경우 월 200만 원 이상이 들고, 어린이집 연장 보육까지 포함하면 연 1천만 원이 훌쩍 넘는다.

조부모가 일정 부분을 돌봄으로 대신할 경우, 가계는 상당한 비용을 절약하게 된다. 이것은 곧 가족경제의 안전망이자, 국가적으로도 사회복지 지출을 경감시키는 효과로 이어진다.

하지만 많은 가정은 이 비용을 조부모의 무급 노동으로 절감한다. 즉, 조부모의 돌봄은 가계 차원에서는 실질적인 소득 보전 효과를, 국가 차원에서는 사회적 복지 지출 절감 효과를 낳는다.

그러나 이 기여는 공식 통계나 제도에서 보상받지 못한다. GDP 수치에도 잡히지 않고, 연금·보험·근로 인정에서도 배제된다. 결국 조부모는 '보이지 않는 노동자'로 남아 있으며, 그 가치는 가족 내부에서만 암묵적으로 소비되고 있다.

2) 조부모 개인의 은퇴·노후 재정에 미치는 영향

황혼육아는 조부모의 노후 생활 구조에도 큰 영향을 미친다. 돌봄에 장기간 관여할 경우, 개인의 경제활동을 줄이거나 포기해야 하는 사례가 많다. 특히 여성 조부모는 이미 경력 단절을 경험한 경우가 많아, 다시 육아를 맡으며 이중 단절을 겪는다.

한 65세 조부모의 사례는 이를 단적으로 보여준다. 그는 원래 경비직 아르바이트를 계획했으나, 딸이 복직하면서 두 살 손주를 전적으로 맡게 되었다. 하루 8시간 이상 돌보는 동안 자신이 벌 수 있었던 월급은 사라졌다. 대신 들어온 것은 아이를 키우며 발생하는 식비와 교통비였다. 그는 "내 노후 자금이 줄어드는 것이 눈에 보이지만, 아이를 맡아줄 사람이 없으니 어쩔 수 없다"고 토로했다.

이처럼 황혼육아는 조부모 개인에게 소득 손실과 추가 지출이라는 이중 부담을 안긴다. 장기적으로는 은퇴자금 축소와 노후 빈곤 위험을 키우는 요인으로 작용한다.②

3) 의료비·간병비 등 '숨은 비용'

황혼육아는 건강에도 직접적인 타격을 준다. 하루 종일 아이를 안아주고, 업고, 따라다니는 과정에서 허리·무릎 관절 질환, 만성 피로, 수면 부족이 심화된다.

보건복지부 조사(2018)에 따르면, 손주 돌봄에 적극 참여한 조부모 상당수가 허리·관절 통증, 고혈압, 우울감을 경험했다고 보고했다.③ 이러한 건강 문제는 곧 의료비 증가로 이어진다.

더 나아가 돌봄 과정에서 조부모 자신이 병이나 사고로 간병을 받아야 하는 경우도 발생한다. 이때 발생하는 간병비용은 가계 차원에서 숨은 비용(hidden cost)으로 작용한다.

즉, 단기적으로는 자녀 세대의 양육비 절감 효과가 있지만, 장기적으로는 조부모 세대의 의료비·간병비 지출로 이어져 가계 전체의 부담으로 되돌아오는 악순환이 생길 수 있다.

4) 함의 및 정책 제안

황혼육아는 사회 전체적으로는 막대한 경제적 가치를 창출하지만, 그 혜택은 주로 부모와 국가가 가져가고, 비용과 부담은 조부모 개인이 짊어진다.

무급 노동은 통계와 제도에서 인정받지 못하고, 은퇴 준비는 지연되며, 건강 악화로 인한 의료비가 늘어나는 구조다. 따라서 황혼육아의 경제적 의미는 '보이지 않는 기여'와 '드러나지 않는 비용'이라는 이중 구조로 요약된다. 이 문제를 단순한 가족의 효(孝) 문화 차원에서가 아니라, 사회적 돌봄 자원의 불평등 배분 문제로 인식하는 것이 필요하다.

여전히 조부모 돌봄이 '사적인 영역'에 머무르고 있는 한국은 다음과 같은 과제가 필요하다.

• 경제적 인정

일정 시간 이상의 돌봄을 제공한 조부모에게 사회보험, 세제 혜택, 연

금 인정 등 제도적 보상 마련

- 건강 지원

  조부모 돌봄 참여자 대상 무료 건강검진, 물리치료·휴식 프로그램 제공

- 세대 간 협약

  가족 내에서 돌봄의 범위와 시간을 명확히 합의하도록 돕는 가이드라인 보급

- 지역사회 네트워크

  돌봄 품앗이, 공공 보육과 연계된 조부모 지원망 구축

[표3] 황혼육아의 경제적 가치와 부담 - 주요 통계

항목	수치·내용	출처
무급 돌봄노동의 경제적 가치	GDP의 22% 이상	한국여성정책연구원, 「가사·돌봄노동의 경제적 가치 평가」(2019) ①
돌봄 참여 조부모의 평균 시간	하루 6~8시간, 주 30시간 이상	한국보건사회연구원, 「조부모 손자녀 양육 실태」(2015) ②
건강 문제 경험 비율	허리·관절 통증, 만성 피로, 우울감 다수	보건복지부·서울대 산학협력단, 「조부모 돌봄 실태조사」(2018) ③

참고문헌

1. 한국여성정책연구원 (2019), 가사·돌봄노동의 경제적 가치 평가.
2. 한국보건사회연구원 (2015), 조부모 손자녀 양육 실태와 지원 방안 연구.
3. 보건복지부·서울대학교 산학협력단 (2018), 조부모 손자녀 돌봄 실태조사.

3. 건강과 안전

1) 수면 부족과 근골격계 질환

 황혼육아의 가장 큰 특징 중 하나는 체력 소모다. 아이 돌봄은 단순히 시간을 내어 지켜보는 것이 아니라, 하루 종일 아이와 함께 움직이고, 업고, 안고, 먹이고, 씻기는 고강도의 신체 노동이다.

 한국보건사회연구원 조사(2015)에 따르면, 손주를 돌보는 조부모는 하루 평균 6.4시간을 육아에 쏟고 있으며① 실제 현장에서는 8시간 이상 전일 돌봄을 맡는 경우도 흔하다. 이 과정에서 조부모들은 만성적인 수면 부족과 함께, 허리·무릎·어깨 등 근골격계 질환을 호소한다. 특히 60~70대 조부모는 이미 신체 노화가 진행된 상태이기에, 반복적인 육아 동작은 근골격계 손상을 가속화 시킨다.

 특히 '허리를 굽혀 안아 올리는 동작', '쪼그려 앉아 아이와 노는 자세', '계단 오르내리며 아기를 안는 습관'은 관절에 큰 부담을 준다.

 실제 건강보험심사평가원 통계(2021)에 따르면 65세 이상 여성의 무릎 관절염 진료율은 인구 1천 명당 167명으로, 돌봄 참여 조부모의 경우 이 수치가 더 높게 나타난다.

 한 할머니는 "손주가 낮잠을 자는 동안 잠시 눈을 붙여야 하지만, 집안일과 식사 준비까지 해야 하니 오히려 더 바쁘다"고 토로한다. 이는 황혼육아가 단순한 'babysitting'이 아니라, 풀타임 육체노동임을 잘 보여준다.

2) 정신건강 문제

 신체적 피로는 곧바로 정신적 부담으로 이어진다. 보건복지부·서울대

조사(2018)에 따르면, 황혼육아에 적극적으로 참여하는 조부모는 그렇지 않은 조부모에 비해 우울 위험군에 속할 확률이 더 높다고 보고되었다.②
이러한 우울감은 크게 두 가지 맥락에서 발생한다.

첫째, 개인 생활의 제약이다.
은퇴 이후 여행·취미·사회활동을 계획했던 조부모들이 손주 돌봄 때문에 자기 삶을 포기해야 할 때, '내 인생이 또다시 가족을 위해 중단되었다'는 박탈감을 느낀다.

둘째, 부담과 죄책감의 이중 구조다.
아이 돌봄이 힘들어 불만을 표하고 싶지만, 자녀 세대를 돕지 않으면 죄책감이 들고, 돕다 보면 체력이 바닥나는 악순환이 이어진다. 그러나 모든 경험이 부정적인 것은 아니다. 일부 조부모는 손주와의 교감을 통해 오히려 삶의 활력과 의미를 회복하기도 한다.
"손주와 함께 지내며 다시 젊어진 기분이 든다"는 응답도 적지 않다. 실제 해외 연구에서도 조부모 돌봄이 사회적 관계망을 넓히고, 인지 기능 저하를 늦추는 효과가 있다는 결과가 보고된 바 있다. 이는 황혼육아가 가진 양면성을 잘 보여준다.

3) 안전사고 예방의 필요성
황혼육아에서는 또 다른 중요한 문제가 있다. 바로 안전사고다. 아이는 순간적으로 움직임이 빠르고 위험에 노출되기 쉽다. 그러나 조부모 세대는 최신 안전 지침이나 응급처치 방법에 익숙하지 않은 경우가 많다.

질병관리청의 아동 안전사고 통계(2021)에 따르면, 가정 내 아동 사고의 주요 유형은 낙상(40%), 질식(25%), 화상(15%)이었다.③ 이 중 상당수는 보호자의 부주의 또는 안전 지식 부족으로 발생한다.

예컨대, 조부모 세대는 아이를 엎어 재우거나, 이불·베개를 많이 사용하는 등 과거의 양육 방식을 유지하는 경우가 있는데, 이는 영아의 질식 위험을 높이는 대표적 사례다.

이러한 위험을 줄이기 위해 일부 지자체에서는 '조부모 육아교실'을 통해 응급처치·안전 교육을 제공하고 있다. 그러나 현재로서는 제한적이고, 전국적으로 보편화되지 못한 상태다.

4) 함의 및 정책 제안

황혼육아는 조부모의 건강과 안전을 위협하면서도, 동시에 아이의 안전 문제까지 직결된다. 즉, 이는 개인 건강의 문제이자 아동 권리의 문제다.

조부모의 돌봄이 한국 사회에서 사실상 제도 밖의 '제2의 보육 체계'로 자리 잡은 만큼, 이제는 단순히 개인의 희생에 맡길 것이 아니라 정책적으로는 다음과 같은 보완이 필요하다.

- **건강 지원** : 조부모를 대상으로 한 정기 건강검진, 물리치료·운동 프로그램 지원

- **안전 교육** : 아동 안전·응급처치 교육을 의무화하고, 지자체 단위로 확대

- **휴식 보장** : 일정 시간 이상 돌봄에 참여한 조부모에게 '돌봄 휴가·바우처'

제공

- **공적 인정** : 조부모 돌봄을 제도적 보육 체계에 포함시켜, 사회보험·세제 혜택과 연계

황혼육아는 단순한 가족의 희생이 아니다. 그것은 사회의 돌봄 공백을 메우고, 미래 세대를 키우는 중요한 공적 자원이다. 이제 우리는 '할머니·할아버지의 손길'을 가족의 선물로만 여기지 않고, 국가와 사회가 함께 책임지는 자산으로 인정해야 한다.

[표3] 건강과 안전 - 주요 통계

항목	수치·내용	출처
조부모 평균 돌봄 시간	하루 6.4시간, 주 4일 이상	한국보건사회연구원, 「조부모 손자녀 양육 실태」(2015) ①
우울 위험군 비율	황혼육아 참여 조부모가 비참여자보다 높음	보건복지부·서울대 산학협력단, 「조부모 돌봄 실태조사」(2018) ②
아동 안전사고 주요 유형	낙상(40%), 질식(25%), 화상(15%)	질병관리청, 「아동 안전사고 발생 현황」(2021) ③

참고문헌

1. 한국보건사회연구원 (2015), 조부모 손자녀 양육 실태와 지원 방안 연구.
2. 보건복지부·서울대학교 산학협력단 (2018), 조부모 손자녀 돌봄 실태조사.
3. 질병관리청 (2021), 아동 안전사고 발생 현황 통계.

4. 세대 갈등과 가족 내 협상

1) 서로 다른 두 개의 시계

한 집 안에서도 세대는 다른 시간에 산다. 조부모에게 아이는 '다시 안은 작은 손'이지만, 부모에게 아이는 '양육의 책임과 부담'이다. 이 두 시계가 어긋날 때, 황혼육아의 갈등은 시작된다. 특히 양육관의 차이는 사소한 일상에서부터 노골적인 갈등으로 번지곤 한다.

2) 양육관 차이에서 오는 갈등

조부모 세대와 부모 세대의 양육 방식은 뚜렷이 다르다.

- **이유식** : 과거에는 만 4개월이면 이유식을 시작했지만, 현재는 6개월 이후를 권장한다.

- **훈육** : 예전에는 체벌이나 엄격한 규율이 자연스러웠지만, 지금은 '긍정적 훈육', '존중 기반 교육'이 강조된다.

- **미디어 사용** : TV 앞에 앉혀두던 방식은 스마트폰과 유튜브 시청 문제로 바뀌었다.

조부모와 부모 모두 각자의 기준에서 충돌한다. 이런 차이는 단순한 방식의 차이가 아니라, 세대별 가치관 충돌로 이어진다.

> 예) "우리 때는 다 그렇게 키워도 멀쩡히 컸다." vs. "요즘은 과학적으로 근거 있는 방법이 있어요."
>
> "엄마 아빠는 일하느라 바빠서 모르지, 내가 더 많이 보니까 내 방식대로 한다." vs. "아이의 부모는 우리예요."

실제 한국보건사회연구원 조사(2022)에 따르면, 황혼육아 과정에서 가장 큰 갈등 요인은 '양육방식 차이(47.3%)'로 나타났다.①

3) 가족 내 협상 문제

갈등이 커지는 또 다른 이유는 돌봄 범위와 책임의 불명확성이다. 많은 가정에서 조부모의 돌봄은 '자연스러운 도움'으로 여겨져 명확한 합의 없이 시작된다. 그러나 실제로는 다음과 같은 문제로 이어진다.

- **시간 갈등** : 조부모는 '잠깐 봐주는 줄 알았다'고 생각했지만, 실제로는 주 5일 전일 돌봄을 맡게 되는 경우가 많다.

- **경제적 보상 문제** : 일부 가정에서는 '돌봄 비용'을 주고받기도 하지만, 대부분은 무보수다. 이 과정에서 "왜 시댁은 안 도와주냐?", "왜 돈으로만 보상하려 하냐?"라는 갈등이 생긴다.

- **역할 혼선** : 아이가 조부모에게 더 강하게 애착을 보일 때, 부모가 양육권·권위 문제에서 불안을 느끼기도 한다.

이런 상황은 종종 가족 내 갈등으로 비화한다. 실제 상담 사례에서도 "며느리와의 갈등 때문에 손주 돌봄을 그만두고 싶다"는 조부모의 호소가 자주 등장한다.

4) 해외 사례 - 세대 갈등을 줄이는 장치

- **일본** : 지방자치단체 차원에서 '조부모 교육 프로그램'을 운영, 세대 간 양육 방식을 최신 정보로 맞추도록 지원.

- **스웨덴** : 가족 내 돌봄 협약을 작성하여 조부모가 돌보는 시간과 역할을 법적으로 명확히 하는 사례 존재.

- **미국** : 'Grandfamilies Support Act'를 통해 조부모 돌봄 가정에 상담·조정 프로그램 제공.

이들 사례는 공통적으로 세대 간 대화와 합의를 제도적으로 돕는다는 특징이 있다.

5) 함의 및 정책 제안

세대 간 육아관의 차이는 피할 수 없는 시대적 현상이다. 부모 세대는 전문화된 육아 지식을, 조부모 세대는 경험에서 비롯된 지혜를 가지고 있다.

문제는 이 차이가 갈등으로만 표출될 때, 돌봄의 연속성이 흔들리고 손주가 불안정한 양육 환경에 놓인다는 점이다. 따라서 황혼육아를 건강하게 유지하기 위해서는 세대 간 대화와 조율을 제도적으로 지원해야 한다.

- **돌봄 협약 제도화** : 조부모와 부모가 돌봄 시간·범위·보상에 대해 합의서를 작성하도록 권장, 갈등을 사전에 차단.

- **세대 간 양육 교육** : 보건소·지자체에서 조부모와 부모가 함께 듣는 양육 교육 프로그램 제공.

- **갈등 조정 지원** : 가족 간 갈등이 심할 경우, 전문 상담·조정 기관에서 중재 지원.

- **경제적 보상 가이드라인** : 무급 돌봄만이 아니라, 일정 수준의 지원금·바우처 제도화를 통해 '노동의 가치'를 인정.

6) 결론

황혼육아는 단순한 가족의 선의가 아니라, 세대 간 협력으로 이루어져야 한다. 양육관의 차이를 인정하고, 돌봄의 범위를 명확히 합의할 때, 황혼육아는 갈등의 원인이 아니라 세대를 잇는 다리가 될 수 있다. 정책적 뒷받침이 더해질 때, 비로소 가족은 서로의 희생 위가 아니라 존중과 협력 위에 선 돌봄 공동체가 된다.

[표4] 세대 갈등 - 주요 통계

항목	주요 수치·내용	출처
조부모 돌봄 갈등 원인 1위	양육방식 차이 47.3%	한국보건사회연구원, 「조부모 돌봄 실태」(2022) ①
조부모 돌봄 갈등 원인 2위	돌봄 시간·범위 불명확 31.5%	한국보건사회연구원, 「조부모 돌봄 실태」(2022) ①
조부모 돌봄 보상 현황	무보수 70% 이상	한국여성정책연구원, 「돌봄노동 가치 평가 연구」(2021) ②

참고문헌

1. 한국보건사회연구원 (2022), 조부모 손자녀 돌봄 실태조사.
2. 한국여성정책연구원 (2021), 돌봄노동 가치 평가 및 정책적 함의.
3. OECD (2020), Grandparental Childcare Arrangements and Family Policies.
4. 미국 Grandfamilies Support Act (2018), 관련 법안 자료.

5. 정서적·심리적 부담

1) 양육 스트레스와 우울감

황혼육아에 참여하는 조부모는 손주를 통해 기쁨을 느끼는 동시에, 심리적 소진을 겪는다. 하루 평균 6~8시간에 달하는 돌봄은 단순한 보조가 아니라 사실상 풀타임 노동이다.

한국보건사회연구원(2015)의 조사에 따르면, 손주를 돌보는 조부모의 절반 이상이 양육 스트레스를 경험하고 있으며, 이로 인한 우울감과 무력감을 호소하는 비율이 높았다.①

특히 60대 이후 조부모는 체력 저하와 개인 생활의 제약이 겹치면서, 우울 위험군에 속할 확률이 비참여 조부모보다 높다는 결과가 나타났다. 한 할머니는 이렇게 말했다.

"아이를 맡아주는 건 당연히 내가 해야 할 일이라고 생각했어요. 하지만 하루가 끝나면 제 몸은 천근만근이고, 제시간이 없다는 생각에 눈물이 날 때가 있어요."

이처럼 황혼육아는 '사랑의 돌봄'이라는 이름 뒤에 정서적 과부하를 내포하고 있다.

2) 삶의 만족도 저하와 노후 생활의 제약

손주 양육에 장기간 관여하는 조부모는 종종 자신의 노후 생활을 재구성해야 한다. 은퇴 이후 계획했던 여가와 여행, 취미 활동, 친구 모임은 줄어들고, 생활의 중심이 손주로 옮겨간다.

한국여성정책연구원(2020)의 조사에 따르면, 황혼육아 참여 조부모 중 40% 이상이 "자유 시간이 거의 없다"라고 응답했고, 상당수가 "노후 계획에 차질이 생겼다"라고 말했다.②

이는 삶의 만족도를 떨어뜨리는 중요한 요인이다. 특히 손주 돌봄을 무급으로 전담하는 경우, 조부모는 가족을 위해 개인적 욕구를 희생하면서도 스스로를 '보상받지 못하는 노동자'로 느끼기 쉽다. "내 인생의 주인공이 다시 가족에게 빼앗겼다"라는 박탈감은 정서적 고립을 심화시킨다.

3) 그러나, 삶의 의미 회복 효과

그럼에도 황혼육아는 언제나 부정적인 결과만을 낳는 것은 아니다. 많은 조부모는 손주와 함께 지내며 삶의 활력과 의미를 되찾는다.

보건복지부 조사(2018)에 따르면, 황혼육아에 참여한 조부모의 상당수가 "손주를 돌보며 다시 살아 있는 기분을 느낀다", "삶의 의미와 존재감을 회복한다"라고 응답했다.③

심리학적으로 이는 에릭슨(Erikson)의 발달 이론과도 맞닿아 있다. 그는 중·노년기의 과제를 '생산성 대 침체감'(generativity vs. stagnation)으로 설명했는데, 손주 양육은 조부모에게 "다음 세대에 기여한다"는 경험을 제공하며, 심리적 안정과 성취감을 강화한다.

따라서 황혼육아는 조건에 따라 삶을 고갈시키는 부담이 될 수도, 삶을 풍요롭게 하는 의미가 될 수도 있다.

4) 함의 및 정책제안
황혼육아의 정서적·심리적 효과는 양면성을 가진다.

- **자율성과 선택권이 보장될 때** → 삶의 의미와 활력으로 작동한다.
- **강요되거나 장기화될 때** → 스트레스와 우울, 삶의 만족도 저하로 이어진다.

따라서 황혼육아의 심리적 부담을 완화하기 위해서는 단순히 '가족의 의무'로만 둘 것이 아니라, 정서적 지원 체계가 필요하다.

- **정기 상담 서비스** : 지역 보건소·복지관에서 조부모 전용 상담 프로그램 제공
- **또래 조부모 모임** : 경험을 나누고 지지받는 사회적 네트워크 형성
- **휴식권 보장 제도** : 일정 기간 '돌봄 휴가' 또는 대체 돌봄 인력을 지원하여 소진을 예방

[표5]정서적·심리적 부담 관련 통계

항목	주요 수치·내용	출처
우울 위험군 비율	황혼육아 참여 조부모 & 비참여 조부모	한국보건사회연구원, 「조부모 손자녀 양육 실태」(2015)①
삶의 만족도 변화	"자유 시간이 거의 없다" 응답 40% 이상	한국여성정책연구원, 「조부모 육아 지원 실태」(2020)②
긍정적 효과	"삶의 의미와 존재감을 회복" 응답 다수	보건복지부·서울대 산학협력단, 「조부모 돌봄 실태조사」(2018)③

각주

1. 한국보건사회연구원 (2015), 조부모 손자녀 양육 실태와 지원 방안 연구.
2. 한국여성정책연구원 (2020), 조부모 육아 지원 실태와 정책과제.
3. 보건복지부·서울대학교 산학협력단 (2018), 조부모 손자녀 돌봄 실태조사.
4. Erikson, E. H. (1982), The Life Cycle Completed.

3장_
제도적 논의와 해외 사례

1. 한국 제도의 현황과 한계

황혼육아는 이미 한국 사회의 일상적 돌봄 구조로 자리 잡았지만, 정작 제도적 뒷받침은 여전히 미흡하다.

대표적인 사례가 「가족돌봄기본법」이다. 이 법은 조부모 돌봄을 포함한 가족 돌봄의 권리와 책임을 국가가 일정 부분 보장하는 내용을 담고 있었지만, 입법 과정에서 무산되었다. 결국 조부모 돌봄은 제도적으로 보호받지 못한 채 가족 내부의 사적 책임으로 남아 있다.

최근에는 일부 개선 움직임도 보인다. 2025년부터 신설된 「친정엄마 산후돌봄 급여제」는 출산 직후 산모가 친정어머니의 도움을 받을 경우 일정 금액을 지원하는 제도다.

이는 조부모의 돌봄을 사회적으로 인정한 첫 사례라는 점에서 의미가 크다. 하지만 지원 범위가 '산후 초기'에 국한되어 있으며, 손주 양육을 장기간 담당하는 황혼육아의 현실을 포괄하기에는 부족하다.

지방자치단체 차원에서도 일부 시도들이 이루어지고 있다. 서울, 경기 등 일부 지역은 '조부모 육아교실', '손주 돌봄 수당'과 같은 프로그램을 도입했다.

교육을 통해 안전·발달 지식을 보급하고, 일정 수준의 비용을 지원함으로써 조부모의 부담을 덜어주는 것이다. 그러나 이러한 프로그램은 지역별 편차가 크고, 전국적으로 일관된 정책으로 자리 잡지는 못했다.

즉, 한국의 제도는 여전히 부모 중심, 단기적 지원, 지역별 편차라는 한계를 안고 있다. 조부모가 이미 실질적 돌봄 축을 담당하고 있음에도 불구하고, 국가 정책안에서는 여전히 비공식 자원으로 머물러 있는 것이 현실이다.

2. 해외 제도의 구체적 사례

1) 일본 - 조부모 교육센터와 심리 상담

일본은 급격한 저출산·고령화 속에서 조부모 돌봄의 중요성을 일찍부터 인식했다. 각 지자체와 비영리기관은 '조부모 교육센터(Grandparenting Education Center)'를 운영하고 있으며, 이곳에서는 손주 돌봄에 필요한 아동 발달 지식, 영양·안전 관리, 응급처치법을 체계적으로 가르친다. 또한 교육 과정 중에는 심리 상담 프로그램도 병행된다. 조부모가 손주 돌봄 과정에서 느끼는 우울감이나 세대 갈등을 해소할 수 있도록 전문가 상담을 제공하는 것이다.

특히 일본은 "과거 경험만으로 아이를 키우는 시대는 지났다"는 인식을 공유하면서, 조부모가 최신 육아 지식을 업데이트해야 한다는 점을 강조한다. 이러한 접근은 세대 간 갈등을 완화하고, 아동 안전사고를 줄이는 효과를 가져왔다.

2) 독일 - 사회보험 가입 기간 인정, 연금 반영

독일은 조부모 돌봄을 공식적인 사회적 노동으로 인정하는 제도를 갖추고 있다. 조부모가 일정 기간 손주를 양육한 경우, 그 시간은 사회보험 가입 기간으로 계산되어 연금 산정에 반영된다. 이는 조부모가 돌봄 때문에 경제활동을 줄이거나 포기했을 때 발생하는 소득 손실을 제도적으로 보전해 주는 장치다. 독일의 정책은 조부모 돌봄을 단순한 가족적 선의가 아니라, 사회적 기여로 등재한다는 점에서 의미가 크다.

또한 제도 참여 요건과 절차가 명확히 규정되어 있어, 조부모가 자신의 기여를 국가 시스템 안에서 인정받을 수 있다. 이는 황혼육아가 조부모 개인의 빈곤 위험으로 이어지지 않도록 하는 안전망 역할을 한다.

3) 스웨덴 - 유급 돌봄 휴가 제도

스웨덴은 조부모를 포함한 모든 가족 구성원이 아동 돌봄에 참여할 수 있도록 제도화했다. 부모뿐 아니라 조부모가 아동을 돌볼 경우에도 일정 기간 유급 휴가를 보장하는 것이다. 이 제도는 조부모가 손주 돌봄을 위해 일을 쉬어야 할 때 발생하는 기회비용을 국가가 일정 부분 보상하는 장치다.

스웨덴의 접근은 "돌봄은 특정 세대의 책임이 아니라, 가족 전체가 분담하는 사회적 책무"라는 인식에 기반한다. 그 결과 부모·조부모·국가가 함께 돌봄을 나누는 구조가 가능해졌다.

3. 종합 비교와 시사점

세 나라의 사례는 각기 다른 방식으로 조부모 돌봄을 제도화하고 있지만, 공통적으로 '조부모 돌봄을 사회적 자원으로 공식 인정'한다는 점에서 일치한다.

- 일본은 교육과 상담을 통해 돌봄의 질과 정서적 안정을 지원한다.
- 독일은 연금 제도를 통해 경제적 가치를 제도권에 반영한다.
- 스웨덴은 유급 휴가를 통해 가족 전체의 돌봄 책임을 사회적으로 분산한다.

반면 한국은 여전히 조부모 돌봄을 비공식적·사적 영역으로만 남겨두고 있다. 이제는 해외 사례처럼, 교육 + 경제적 보상 + 휴식권 보장이 결합된 종합적 제도 설계가 필요하다. 그렇지 않으면 황혼육아는 개인의 희생 위에서만 유지되는 구조로 남아, 조부모 세대의 건강 악화와 노후 빈곤이라는 사회적 비용을 키우게 될 것이다.

[표6]해외 제도 비교

국가	제도	주요 내용	시사점
일본	조부모 교육센터 + 심리 상담	아동 발달·안전 교육, 정기 상담	돌봄의 질 향상, 세대 갈등 완화
독일	사회보험 가입 기간 인정	손주 돌봄 기간을 연금에 반영	경제적 보상, 빈곤 예방
스웨덴	유급 돌봄 휴가	조부모가 돌봄 시에도 일정 기간 급여 지급	돌봄의 사회적 분담, 기회비용 보전

참고문헌

1. 보건복지부 (2022), 가족돌봄 정책 동향 보고서.
2. 한국여성정책연구원 (2020), 조부모 육아 지원 실태와 정책과제.
3. OECD Family Database (2021), Childcare by Grandparents: International Comparison.
4. 서울특별시 가족센터 (2021), 조부모 육아교실 운영 결과 보고.

4장_
향후 과제와 정책 제언

한국 사회의 돌봄 구조에서 주요한 축을 담당하고 있는 황혼육아는 국가 경제의 숨은 기둥이자 세대 간 연대의 핵심적 가치로 자리 잡고 있다.

그런데도 지금까지의 정책은 부모 중심에 머물러, 조부모의 헌신을 제도적 범주에 포함시키지 못했다. 그 결과 조부모 개인의 건강 악화, 노후 빈곤, 세대 갈등이라는 문제가 누적되고 있다.

따라서 이제는 감정적 헌신에 기대는 단계를 넘어, 제도적 보완과 사회적 인정이 반드시 뒤따라야 한다. 앞으로의 과제는 분명하다. '조부모 돌봄'은 공식적 사회 자원으로 인정하고, 경제·건강·정서·지역 네트워크를 아우르는 종합적 지원 체계를 마련하는 것이다.

1) 경제적 인정과 구조적 보상

무엇보다 시급한 것은 조부모의 돌봄을 경제적 가치가 있는 노동으로 인정하는 일이다. 지금까지 조부모 돌봄은 '사랑의 수고'라는 이름으로 포장되며 무급으로 소비되어 왔다.

하지만 하루 6~8시간, 주 30시간 이상에 달하는 노동을 단순히 가족의 선의로만 볼 수는 없다. 따라서 일정 시간 이상 손주를 돌보는 조부모에게는 그 기여를 사회보험 가입 기간으로 인정하거나, 연금 산정에 반영하는 방식의 제도화가 필요하다. 혹은 돌봄수당을 직접 지급하는 방식도 고려할 수 있다.

이는 단순히 돈을 주는 차원이 아니라, 조부모의 기여를 사회적으로 공인하는 의미를 갖는다. 노후 빈곤을 예방하고, 돌봄의 지속 가능성을 높이는 장치이기도 하다.

2) 건강과 안전을 지키는 제도

조부모는 나이가 들수록 체력이 약해지고, 근골격계 질환과 만성 피로에 시달리기 쉽다. 그럼에도 아이 돌봄은 고강도의 신체 노동을 요구한다.

따라서 조부모를 대상으로 한 정기 건강검진과 예방 프로그램이 제도적으로 뒷받침되어야 한다. 물리치료나 근골격계 강화 운동을 지원하고, 장시간 돌봄으로 인한 신체 손상을 예방하는 체계가 마련되어야 한다.

또한 조부모 돌봄은 단순히 조부모의 건강 문제에만 그치지 않는다. 아동의 안전과도 직결된다. 낙상, 질식, 화상과 같은 사고는 대부분 순간적인 부주의와 안전 지식 부족에서 비롯된다.

따라서 조부모에게 응급처치·아동 안전 교육을 의무화하고, 정기적인 재교육을 제공하는 것은 필수적이다. 이는 조부모 개인을 위한 제도이자, 아이의 생명과 건강을 지키는 장치다.

3) 정서적·심리적 지원

조부모 돌봄은 기쁨과 활력을 주는 동시에, 우울감과 소진을 불러올 수 있다. 실제로 많은 조부모가 "내 시간이 사라졌다"는 상실감을 호소한다. 이 문제를 해결하기 위해서는 정서적 지원 체계가 필요하다.

지자체 차원에서 상담 서비스를 제공하고, 조부모들이 서로 경험을 공유할 수 있는 또래 모임 네트워크를 지원하는 것이 좋은 예다.

이는 단순한 여가 프로그램이 아니라, "나만 힘든 것이 아니다"라는 연대감을 제공하며, 황혼육아가 개인의 고립된 부담이 아닌, 사회적 공유 경험으로 전환되게 만든다.

4) 지역사회 기반 네트워크 확충

황혼육아의 양상은 도시와 농촌에서 차이가 크다. 도시에서는 다양한 보육 인프라가 존재하지만, 농촌은 대체 자원이 부족해 조부모의 역할이 절대적이다.

따라서 국가와 지방정부는 지역별 격차를 고려한 맞춤형 돌봄 네트워크를 확충해야 한다. 농촌·중소도시에는 공공 돌봄센터를 신설하고, 야간·주말 돌봄 등 공백 시간을 메울 수 있는 제도를 마련해야 한다.

결국 황혼육아의 개인의 체력이나 가족의 선의에만 기댄다면 지속 가능성이 낮아질 수밖에 없다. 지역사회 전체가 돌봄을 함께 분담하는 구조로 나아가야 한다.

5) 세대 간 협력의 제도화

마지막으로, 황혼육아의 가장 큰 난제 중 하나는 세대 간 양육관의 충돌이다. 조부모는 경험을, 부모는 최신 지식을 중시하면서 갈등이 발생한다. 이를 완화하기 위해서는 제도적인 중재 장치가 필요하다. 예컨대, 조부모와 부모가 함께 참여하는 세대공감 육아교실을 정례화하면 좋다. 조부모는 최신 육아 지식을 배우고, 부모는 조부모의 헌신과 경험을 존중하는 법을 배우는 것이다.

이런 협력 구조가 제도적으로 뒷받침될 때, 황혼육아는 갈등의 장이 아니라 세대가 함께 아이를 키우는 경험의 장으로 변모할 수 있다.

5장_맺음말
황혼육아, 개인의 사랑에서 사회의 책임으로

황혼육아는 더 이상 몇몇 가정의 특별한 이야기가 아니다. 한국 사회가 직면한 저출산, 고령화, 돌봄 공백이라는 세 가지 구조적 위기 속에서, 조부모의 돌봄은 이미 사회적 필연이자 일상의 풍경으로 자리 잡았다.

지금까지는 조부모의 헌신과 희생이 이를 떠받쳐 왔지만, 앞으로는 더 이상 개인의 선의에만 기대서는 지속 가능하지 않다. 아이를 돌보는 조부모의 손길에는 사랑과 책임, 그리고 세대를 잇는 연속성이 깃들어 있다.

그러나 그 헌신이 무급 노동으로만 소비되고, 건강 악화와 노후 빈곤으로 이어진다면 이는 단순한 가족의 문제가 아니라 사회 전체의 실패다.

황혼육아는 조부모 개인의 선택이나 효(孝)의 차원이 아니라, 한국 사회의 미래를 좌우하는 구조적 과제인 것이다. 따라서 정책적 논의는 이제 분명한 방향성을 가져야 한다.

- 조부모 돌봄을 공식적인 사회 자원으로 인정하고,
- 경제적·건강적·정서적 지원을 결합한 종합 패키지를 제공하며,
- 지역사회와 세대 간 협력 구조를 제도화해야 한다.

이러한 제도적 뒷받침이 없다면 황혼육아는 조부모의 희생 위에 세워진 불안정한 구조로 남아, 노후 빈곤·건강 악화·세대 갈등이라는 사회적 비용을 더욱 키울 것이다.

반대로 국가가 이 문제를 제도적으로 품어낸다면, 황혼육아는 전혀 다른 모습으로 전환될 수 있다. 그때 황혼육아는,

- 조부모에게는 새로운 삶의 의미와 건강한 노후,
- 부모 세대에게는 안정적인 일·가정 양립,
- 아이에게는 안전하고 따뜻한 성장 환경을 제공하는 긍정적 돌봄 체계가 될 것이다.

결국 황혼육아를 제도적으로 품는다는 것은 단순히 한 세대를 돕는 차원이 아니다. 그것은 곧 한국 사회가 직면한 위기를 극복하고, 세대 간 연대와 지속 가능한 돌봄 구조를 마련하는 사회적 투자이자 미래 전략이다.

조부모의 품에서 자라는 아이들은 단지 가족의 품 안에서만 크는 것이 아니다. 그 아이들은 미래의 한국 사회를 만들어 갈 세대이며, 조부모의 돌봄을 통해 경험한 사랑과 안정은 결국 사회 전체의 자산이 된다.

따라서 황혼육아를 개인의 사랑에서 사회의 책임으로 확장하는 것, 이것이야말로 한국 사회가 다음 세대를 위해 반드시 걸어가야 할 길이다.

에필로그

두 번째 봄을 넘어, 함께 만드는 미래

나는 손주의 작은 손을 다시 품에 안으며 이 책을 시작했다. 세월이 흘러 엄마에서 할머니가 되었고, 나의 품은 또 한 번 요람이 되었다.

새벽의 울음소리에 눈을 뜨고, 작은 체온을 끌어안으며 나는 알았다. 사랑은 나이를 가리지 않고, 세대를 넘어 다시 피어나는 것임을.

그 순간 느낀 벅참은 '두 번째 봄'이라는 말로밖에 표현할 길이 없었다. 그러나 동시에 이 두 번째 봄은 결코 가볍지 않았다. 손주의 체온이 주는 따스함만큼이나, 돌봄의 무게는 나의 어깨와 허리를 무겁게 짓눌렀다.

은퇴 후의 여유로운 일상은 미뤄지고, 하루 대부분을 손주와 함께 보내며 다시 '육아의 시간' 속으로 들어왔다. 기쁨과 피로가, 보람과 소진이 매일 같이 교차하는 것이 황혼육아의 현실이었다.

이 책은 그 개인적 경험에서 출발했지만, 곧 한국 사회 전체의 문제로 시선을 넓혀가고자 했다. 왜냐하면 내가 겪은 일이 특별한 것이 아니라, 이미 많은 가정에서 보편적으로 일어나고 있는 현실이기 때문이다.

통계청에 따르면 0~6세 손주를 정기적으로 돌보는 조부모는 전체의 3

분의 1을 넘어섰다. 맞벌이 부부의 절반 이상이 조부모의 손에 아이를 맡기고 있으며, 농촌 지역에서는 그 비중이 더욱 높다. 황혼육아는 더 이상 '선택'이 아니라 사회적 필연이 되었다.

하지만, 이 거대한 돌봄 체계는 여전히 제도의 바깥에 머물러 있다. 조부모의 노동은 무급으로 소비되며, 건강 악화와 노후 빈곤이라는 위험을 개인이 떠안는다.

황혼육아는 부모 세대의 노동시장 참여를 가능하게 하고 국가 경제를 지탱하는 보이지 않는 기둥이지만, 그 가치는 GDP 수치에도, 연금 제도에도 반영되지 않는다.

결국 이 구조는 '혜택은 사회가 가져가고, 비용은 조부모가 감당하는' 불균형으로 작동해 왔다.

해외 사례는 우리에게 다른 길을 보여준다. 일본은 조부모 교육센터를 운영하며 안전·발달 지식과 상담을 지원하고, 독일은 돌봄 시간을 연금에 반영하며, 스웨덴은 조부모에게 유급 휴가를 제공한다. 모두 공통적으로 조부모 돌봄을 공식적 사회 자원으로 인정한다.

반면 한국은 여전히 '가족 내부의 책임'이라는 오래된 틀에 머물러 있다. 이제는 이 간극을 메워야 한다.

앞으로 우리가 풀어야 할 과제는 분명하다. 조부모 돌봄을 사회적 노동으로 인정하고, 경제적 보상 체계를 마련해야 한다. 정기적인 건강 관리와 안전 교육으로 조부모의 몸과 아이의 안전을 지켜야 한다.

상담 서비스와 또래 네트워크를 통해 정서적 고립을 완화하고, 농촌과 중소도시를 중심으로 공공 돌봄 인프라를 확충해야 한다. 나아가 부모 세대와 조부모 세대가 함께 참여하는 협력적 육아 교육을 통해 세대 간 갈등을 조율해야 한다.

그렇지 않다면 황혼육아는 조부모의 희생 위에 세워진 불안정한 구조로 남을 것이다. 그러나 국가와 사회가 이 문제를 제도적으로 품어낸다면, 황혼육아는 전혀 다른 가능성을 지닐 수 있다.

조부모에게는 건강한 노후와 새로운 삶의 의미를, 부모 세대에게는 안정적인 일·가정 양립을, 아이에게는 안전하고 따뜻한 성장을 보장하는 긍정적 돌봄 체계로 거듭날 수 있다.

나는 손주의 웃음 속에서 다시 살아나는 기적을 매일 본다. 그 기적은 개인의 사랑에서 시작되었지만, 이제는 사회 전체가 함께 나누어야 할 몫이다.

황혼육아는 단순한 가족의 이야기가 아니라, 한국 사회의 미래를 비추는 거울이다. 우리가 어떤 선택을 하느냐에 따라, 이 나라는 조부모의 희생 위에 세워진 불안한 집이 될 수도 있고, 세대가 함께 지탱하는 든든한 공동체가 될 수도 있다.

"너는 내게 두 번째 봄이란다."

이 문장은 한 조부모의 고백일 뿐만 아니라, 우리 사회가 미래 세대에게 건네야 할 약속이기도 하다. 두 번째 봄을 개인의 사랑으로만 지켜낼 수는 없다. 이제는 사회가 함께 나서야 한다.

사랑이 책임으로 확장될 때, 황혼육아는 세대를 잇는 다리이자 모두의 미래를 위한 희망이 될 것이다.

초판 1쇄   2025년 10월 24일
지은이 _ 최순아
펴낸이 _ 김현태
디자인 _ 장창호
펴낸곳 _ 따스한 이야기
등록 _ No. 305-2011-000035
전화 _ 070-8699-8765
팩스 _ 02- 6020-8765
이메일 _ jhyuntae512@hanmail.net

따스한 이야기 페이스북

https://www.facebook.com/touchingstorypublisher
https://www.instagram.com/touchingstory512

따스한 이야기는 출판을 원하는 분들의 좋은 원고를 기다리고 있습니다.

가격 13,000원